SUSANNE RIHA

Komm in den Zoo

Annette Betz Verlag

PINGUIN

Es ist kalt im Zoo. In den Gehegen liegt eine dicke Schneedecke. Die meisten Tiere wie Elefant, Löwe oder Giraffe haben sich längst in ihre gut beheizten Tierhäuser zurückgezogen.
Die Pinguine aber sind im Freien. Denn im Winter fühlen sie sich hier am wohlsten. Eine ordentliche Schicht Fett unter dem Gefieder schützt sie vor der Kälte.
In ihren schwarzen »Fräcken« watscheln die Vögel über die eisigen Steinplatten. Wenn einer dem anderen zu nahe kommt, gibt es Hiebe mit den Schnäbeln.
Einer der Pinguine läßt sich ins glasklare Wasser plumpsen. Und gleich darauf ein zweiter. Diese Vögel können zwar nicht fliegen, dafür sind sie aber im Wasser sehr flink. Die Flügel dienen als Flossen, die Beine sind Steuerruder und Bremse zugleich.
Plötzlich schnellen die beiden Pinguine wieder aus dem Wasser. Denn draußen steht der Tierpfleger mit einem Eimer voll mit frischen Fischen. Der Pfleger füttert seine Pinguine einzeln. So kann er sicher sein, daß jeder Vogel genug Futter bekommt. Den Rest der Mahlzeit wirft er ins Becken. Blitzschnell sind alle seine sechs Schützlinge im Wasser untergetaucht.

Größe: 80 cm
Gewicht: 6 kg
Nahrung: Seefisch, Krebs, Tintenfisch
Lebenszeit im Zoo: bis zu 20 Jahren

EISBÄR

Auch dem Eisbären macht die Kälte nichts aus. Zufrieden stützt er sich am Beckenrand ab. Jetzt ist das Badewasser ganz nach seinem Geschmack.
Er fühlt sich wohl in seinem Gehege: Der Zooarchitekt hat bei der Felsenanlage viele Ecken und Winkel eingeplant. So können die drei Bären ungestört ein Schläfchen halten oder einfach für sich allein sein.
Im Zoo kommt ein Eisbärbaby in einem Raum mit geheiztem Fußboden zur Welt. Bei wildlebenden Eisbären werden Wände und Boden der Eishöhle durch die Körpertemperatur der Mutter aufgewärmt.
Der Eisbär ist der größte aller Bären. Wenn er aufrecht steht, ist er bis zu drei Meter groß. Sein Junges aber ist winzig wie eine Ratte. Über zwei Jahre bleibt ein kleiner Eisbär bei der Mutter. Doch der Vater muß in ein anderes Gehege übersiedeln. Er könnte seinem eigenen Jungen gefährlich werden.
Der Eisbär am Beckenrand wackelt mit dem Kopf. Die Besucher lachen und frieren. Der Eisbär beginnt von neuem das langgestreckte Becken zu durchtauchen.

Größe: bis zu 3 m
Gewicht: bis zu 450 kg
Nahrung: Allesfresser
Lebenszeit im Zoo: bis zu 40 Jahren

ROBBE

Vor dem Becken der Robben haben sich viele Zuschauer versammelt. Denn es ist Fütterung, und die Robben drängen sich vor ihrem Tierpfleger.
Er läßt jede Robbe Männchen machen und Flosse geben, bevor er einen seiner Fische hergibt. Eine Robbe wirft den Fisch in die Luft und fängt ihn geschickt mit dem Maul. Eine andere kann ihn sekundenlang auf der Schnauze balancieren. Schließlich läßt der Tierpfleger seine Robben immer wieder ins Wasser springen. So machen sie genügend Bewegung.
Der Pfleger achtet darauf, daß das Wasser im Becken immer ganz sauber ist. Denn schon ein paar verschluckte Blätter können den Magen einer Robbe verstopfen.
Robben sind richtige Schwimmkünstler. Sie drehen sich beim Schwimmen um die eigene Achse oder schlagen Purzelbäume unter Wasser. Nur zum Luftholen kommen sie schnaubend an die Oberfläche.
Jetzt richtet sich eine der Robben am Beckenrand auf und läßt sich ins Wasser fallen. Da gibt es lautes Geschrei: Die Zoobesucher sind ganz schön naß geworden.

Größe: bis zu 3,50 m
Gewicht: bis zu 1000 kg
Nahrung: Fische, Krebse
Lebenszeit im Zoo: 20 Jahre

FLAMINGO

Die Flamingos sind schon lang wieder im Freien. Nur bei großer Kälte bleiben sie in ihren strohgedeckten Häuschen. Auf ihren langen Beinen stelzen die Vögel durchs Wasser und suchen nach winzigen Wassertieren. Ein Flamingo hält seinen gebogenen Schnabel dabei so ins Wasser, daß der Schlamm durch den oberen Teil des Schnabels fließen kann. So filtert der Vogel die Nahrung heraus.
Das Nest eines Flamingos sieht wie eine Suppenschüssel aus Schlamm aus. Männchen und Weibchen brüten abwechselnd das einzige Ei aus. In zwei Nestern sind bereits Küken geschlüpft. Sie tragen ein weiches Daunenkleid. Gemeinsam waten sie ins Wasser.
Viele Zoobesucher haben schon gesehen, wie ein Küken gefüttert wird. Die Flamingo-Eltern pumpen dabei nahrhaften Saft aus ihrer Kehle in den kurzen Schnabel des Jungen.
Und warum sind Flamingos rosa? In der freien Natur fressen sie viele rote Krebse. Der Farbstoff wird in den Federn abgelagert. Im Zoo bekommen die Vögel zu ihrer täglichen Nahrung ein natürliches Farbpulver.

Größe: bis 1,30 m
Gewicht: rund 5 kg
Nahrung: Kleinkrebse, Algen, Plankton
Lebenszeit im Zoo: 40 Jahre

GIRAFFE

Alle Tiere im Zoo bekommen das richtige Futter. Deshalb darf man Zootiere auch nicht füttern.
Für die Giraffen werden Äste von Laubbäumen angeliefert, im Sommer frisch, im Winter getrocknet. Sie bekommen täglich Heu, Körner und Wasser. Ab und zu gibt es Zwiebeln oder Zitronen.
Giraffen machen fast alles im Stehen: fressen, wiederkäuen und dösen. Denn sie kommen nur langsam vom Boden hoch. Ihr geflecktes Fell ist in der Wildnis ein Tarnkleid zwischen den Blättern der Baumkronen.
Auch das Junge hat die Giraffenmutter stehend geboren. Es ist nicht leicht gewesen, denn ein Giraffenjunges ist schon bei der Geburt eineinhalb Meter groß und wiegt etwa 60 Kilogramm.
Bereits nach einer Stunde probiert die kleine Giraffe ihre wackeligen Beine aus. Schon bald folgt sie der Mutter ins Freie. Die Mutter säugt das Junge zehn Monate lang. Ab der zweiten Woche nascht das Kleine auch schon ein bißchen vom Heu.

Größe: bis 5 m
Gewicht: 1500 kg
Nahrung: Blätter und Zweige von Laubbäumen,
Heu, Körner, Wasser
Lebenszeit im Zoo: bis zu 30 Jahren

ZEBRA

In einem großen Gehege leben Zebra, Vogel Strauß und Antilope zusammen. Die Tiere sind schon lange aneinander gewöhnt und stören sich nicht. Sie springen auch nicht über den schmalen Graben, der sie von den Besuchern trennt. Zootiere wissen genau, welcher Platz ihnen gehört: In ihren Gehegen fühlen sie sich sicher.
Ein Zebra hat große Tütenohren und ist bis zu den Hufen hinunter gestreift. Nur am Bauch und um den Schwanz ist sein Fell weiß.
Vor ein paar Wochen haben die Zebras Nachwuchs bekommen. Das Kleine trägt noch die braunen Kinderstreifen. Seine Mähne läuft auch noch über den ganzen Rücken bis zum Schwanz.
In der ersten Zeit hat das Kleine mit der Mutter in einer Absperrung vor dem Zebrahaus gewohnt. Jetzt galoppiert es bereits mit der Herde mit.
Zwei große Zebras stupsen sich mit den Schnauzen. Sie laufen nebeneinander her und wiehern wie Esel. Da schlägt das eine mit den Hinterhufen aus. Aus dem Spiel wird mit einem Mal ein richtiger Kampf.

Größe: 1,60 m
Gewicht: 400 kg
Nahrung: Gras, Heu, Karotten, Wasser
Lebenszeit im Zoo: rund 25 Jahre

ELEFANT

»Und hopp!« ruft der Elefantenpfleger. Dazu deutet er mit seinem Stöckchen auf die Schemel aus Eisen.
Folgsam klettern die Elefanten hinauf. Jeder der beiden balanciert dabei einen Gummiball auf seinem Rüssel.
Die Zoobesucher applaudieren begeistert. Der Pfleger macht eine kleine Verbeugung, und die Elefanten werfen ihre Rüssel hoch. Sie scheinen den Beifall zu genießen.
Elefanten können sich bis zu 27 verschiedene Befehle merken. Oft üben sie die Kunststücke allein weiter. So ist ihnen auch im Zoo nicht langweilig.
Mit dem Rüssel kann der Elefant riechen und tasten. Er kann Futter zum Maul führen, greifen, aber auch schlagen. Er kann mit dem Rüssel Wasser oder Sand ansaugen und sich damit duschen.
Die Zoobesucher klatschen schon wieder. Denn die beiden Elefanten haben sich auf die Hocker gesetzt und richten sich auf.

Größe: bis zu 4 m
Gewicht: bis zu 6 000 kg
Nahrung im Zoo: Brot, Obst, Gemüse, Heu,
Wasser (bis zu 90 Liter täglich)
Lebenszeit im Zoo: 60 Jahre

FLUSSPFERD

Geduldig warten die Zoobesucher vor dem Becken der Flußpferde. Nichts regt sich im Wasser. Nur Ohren, Augen und Nasenlöcher der Tiere ragen über die Oberfläche.
Flußpferde verbringen die Hälfte ihres Lebens in seichten Gewässern. Sie können bis zu fünf Minuten lang tauchen. Bei Gefahr laufen sie weite Strecken unter Wasser.
Schließlich hat sich das Warten gelohnt. Geschickt klettern die schweren Tiere aus dem Becken.
Auch ein Junges ist dabei. Das kleine Flußpferd ist im Wasser zur Welt gekommen. Schon bei der Geburt hat es 50 Kilogramm gewogen.
Die Mutter gibt ihrem Jungen auch immer im Wasser zu trinken. Mit vier Jahren ist ein Flußpferd erwachsen. Es wiegt dann fast 3 000 Kilogramm.
»Iiii!« quietschen einige Leute vor dem Gehege. Denn der riesige Bulle dreht blitzschnell den Schwanz und verspritzt seinen Kot in alle Richtungen. Damit möchte er anderen Bullen zeigen, daß dieser Platz ihm gehört!

Größe: 4 m
Gewicht: 3 000 kg
Nahrung: Gemüse, Körner, Gras oder Heu (60 kg täglich)
Lebenszeit im Zoo: bis zu 50 Jahren

LÖWE

Wenn der Löwe in der Abenddämmerung brüllt, kann man seine Stimme überall im Zoo hören.
Jetzt läuft er durch das große Gehege, schärft seine Krallen an der Rinde des Baumes und klettert zu seinem Sitzbrett hinauf. Löwen lassen sich gern auf erhöhten Plätzen nieder.
Die meiste Zeit des Tages verdöst der Löwe. Hier im Zoo muß er sich nicht selbst um sein Futter kümmern.
In der freien Natur ist ein hungriger Löwe sehr gefährlich. Er ist ein schneller Läufer und kann 20 Kilogramm Fleisch auf einmal verschlingen.
Löwenkinder halten nichts vom Faulsein. Sie balgen sich und klettern auf den Rücken der Mutter. Sie üben »anschleichen – anspringen – zupacken«. Die Schwanzquasten der Eltern eignen sich besonders gut für dieses Training.
Vater Löwe hat meist nichts dagegen, und auch die Löwin ist eine geduldige Mutter. Sie würde sogar einem fremden Löwenjungen zu trinken geben.
Im Licht ziehen sich die Pupillen der großen Löwen zu Schlitzen zusammen. Die der Jungen aber werden kleine runde Punkte.

Größe: 1,90 m
Gewicht: 250 kg
Nahrung: Fleisch
Lebenszeit im Zoo: bis zu 25 Jahren

KAMEL

Es ist Herbst geworden, und die Tage sind bereits kühler. Aber die Kamele stört das nicht: Ihr wolliges Kleid schützt sie vor großer Hitze und eisiger Kälte.
Für die Bewohner von Wüstengebieten sind Kamele sehr nützliche Haustiere. Sie legen täglich 40 Kilometer zurück, können zwei Wochen ohne Trinkwasser auskommen und Lasten bis zu 150 Kilogramm tragen.
An Bauch und Gelenken haben Kamele eine ganz dicke Haut. So können sie auch im heißen Wüstensand liegen.
Wenn Kamele längere Zeit nichts zu fressen bekommen, werden ihre Höcker kleiner. Die Tiere zehren dann vom Fett im Höcker. Hier im Zoo sind die Höcker prall gefüllt.
Einmal im Jahr sehen Kamele recht struppig aus. Dann haben sie Haarwechsel und verlieren ihr Fell in großen Fetzen. Ein Kamel liefert im Jahr 6 Kilogramm Wolle.
Männliche Kamele sind bissig. Weibchen aber lassen sich geduldig von den Zoobesuchern streicheln.

Größe: 2,30 m
Gewicht: 1000 kg
Nahrung: Pflanzen
Lebenszeit im Zoo: 40 Jahre

SCHIMPANSE

Der junge Schimpanse ist immer in Bewegung: Zuerst spielt er mit dem Ball. Dann läuft er auf allen vieren die Äste entlang. Am Boden entdeckt er einen Apfel und springt herunter. Er schält eine Banane und klettert an der Sprossenwand hoch. An einem Arm hängend, baumelt er vor den Zuschauern hin und her.
Auch der alte Schimpanse springt plötzlich auf. Er beginnt laut zu brüllen, stampft durch den Raum und wirft mit Ästen um sich. Wild rüttelt er an der Leiter.
Der junge Schimpanse ist jetzt ganz still. Ehrfürchtig sieht er dem alten zu.
Im Sommer sind die Schimpansen gern im Freien. Auch hier trennt sie eine Glasscheibe von den Besuchern. Denn für einen Affen kann es sehr gefährlich sein, mit einer menschlichen Krankheit angesteckt zu werden. Auf der Wiese hat der Affenpfleger aus alten Autoreifen Schaukeln gebaut. Ab und zu versteckt er für seine Affen Obst in dem alten Baumstamm. Dann suchen sich die Schimpansen kleine Stöckchen und stochern geschickt nach dem Futter.

Größe: 1,70 m
Gewicht: bis 60 kg
Nahrung: Früchte, Blätter, Nüsse, Rinde,
Samen, Insekten, etwas Fleisch
Lebenszeit im Zoo: bis zu 50 Jahren

KROKODIL

In der Krokodilhalle ist es feucht und warm. Hier wachsen Gummibaum, Palme und Bananenbaum. Über das Wasserbecken führt eine Brücke. Unten liegt das Krokodil und rührt sich nicht.
Plötzlich machen die Besucher einen Schritt zurück. Das Krokodil hat den Kopf gehoben. Es reißt das Maul weit auf und zeigt seine spitzen Zähne. Zwei Zähne am Unterkiefer sind besonders groß. Sie passen genau in zwei Furchen am Oberkiefer und sind auch bei geschlossenem Maul zu sehen.
Ein Krokodil kann lange Zeit im Wasser lauern. Nur Ohren, Augen und Nasenlöcher ragen heraus. Mit seinem kräftigen Ruderschwanz ist das Krokodil im Wasser schnell und wendig, wenn es auf Beutefang geht. Ein Krokodil frißt auch unter Wasser, denn es kann seinen Schlund mit einer Hautklappe verschließen. Im Zoo wird es mit Fleisch und Fischen gefüttert. Sein Badewasser muß immer warm sein. Auch die Steinplatten rund um das Becken werden beheizt.

Größe: bis zu 7 m
Gewicht: 200 kg
Nahrung im Zoo: Fische und Fleisch
Lebenszeit im Zoo: 80 Jahre